그린이 빅토르 에스칸델

유명한 바르셀로나 마사나 디자인 학교에서 그래픽디자인을 공부했어요. 광고 회사, 신문사, 정부 기관, 국제 기구 등을 위해 일했고, 어린이 책에 그림을 그리는 일러스트레이터로도 활동해요. 독자가 자유로운 정신을 일깨우고 새로운 창의력을 발휘할 수 있도록 돕는 것이 꿈이에요. 그린 책으로 『추리 게임』, 『세계사 추리 게임』, 『과학 추리 게임』이 있어요.

수수께끼 선별 및 각색 아나 가요

대학에서 정보학을 공부하고 신문사에서 기자로 일했어요. 2000년부터 스페인의 대형 출판사들과 일하며 디자인, 편집, 교정 등 다양한 작업을 하면서 다양한 책을 썼어요. 『추리 게임』, 『세계사 추리 게임』, 『과학 추리 게임』, 『우리가 태어났을 때』 등을 썼어요.

옮긴이 권지현

고등학교를 졸업할 무렵부터 번역가의 꿈을 키웠어요. 그래서 서울과 파리에서 번역을 전문으로 가르치는 학교에 다녔고, 학교를 졸업한 뒤에는 번역을 하면서 번역가가 되고 싶은 학생들을 가르치고 있어요. 그동안 옮긴 책으로는 〈도전 명탐정 프로젝트〉〈보통의 호기심〉〈꼬마 중장비 친구들〉 시리즈와 『산으로 올라간 백만 개의 굴』, 『오늘의 식탁에 초대합니다』, 『펜으로 만든 괴물』, 『버섯 팬클럽』, 『거짓말』, 『아나톨의 작은 냄비』 등이 있어요.

추리 게임
수상한 25개 사건의 미스터리를 풀어라!

1판 1쇄 발행 2019년 5월 13일 1판 5쇄 발행 2022년 7월 11일
지은이 빅토르 에스칸델 수수께끼 선별 및 각색 아나 가요 옮긴이 권지현
펴낸이 남영하 편집 김주연 이신아 디자인 박규리 마케팅 김영호
펴낸곳 ㈜씨드북 등록 번호 제2012-000402호 주소 03149 서울시 종로구 인사동7길 33 남도빌딩 3F 전화 02) 739-1666 팩스 0303) 0947-4884
홈페이지 www.seedbook.co.kr 전자우편 seedbook009@naver.com 인스타그램 instagram.com/seedbook_publisher
ISBN 979-11-6051-272-4 (77870)   세트 979-11-6051-431-5

Enigmes
© 2017. Zahorí de Ideas (www.zahorideideas.com), © texts, Ana Gallo. 2017
© illustrations, Víctor Escandell. 2017, © design, Alehop. 2017
Korean Translation Copyright © Seedbook Co., Ltd, 2019
All rights reserved.
This Korean edition was published by arrangement with Zahorí de Ideas S. L. (Barcelona) through Bestun Korea Agency Co., Seoul.

이 책은 베스툰 에이전시를 통해 저작권자와 맺은 독점 계약으로 ㈜씨드북에서 출간되었습니다.
저작권법에 의해 한국 내에서 보호를 받는 저작물이므로 무단 전재와 무단 복제를 금합니다.

 제조국명: 대한민국 | 사용연령: 6세 이상
KC마크는 이 제품이 공통안전기준에 적합하였음을 의미합니다.
종이에 베이지 않게 주의하세요.

• 책값은 뒤표지에 있어요. • 잘못 만들어진 책은 구입하신 서점에서 바꾸어 드려요. • 씨드북은 독자들을 생각하며 책을 만들어요.

추리 게임

수상한 25개 사건의
미스터리를 풀어라!

빈토르 에스칸델 그림 이니 기요 수수께끼 선별 및 각색 권시현 옮김

씨드북

스릴 넘치는 추리 게임의 세계에 온 걸 환영해요!

이 책에 나오는 수상한 사건들을 재미있게 풀어 봐요.
사건을 풀려면 두 가지 능력이 필요해요.
첫 번째 능력은 논리력이고, 두 번째 능력은 상상력이에요.
각 사건의 첫머리에 논리력이나 상상력 중 어떤 능력을 써야 하는지 아래와 같이 표시되어 있어요.

 논리력 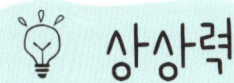 상상력

 나와라, 논리력!

작은 톱니바퀴 두 개가 맞물려 돌아가는 그림이 보이면 논리력을 써야 해요. 사건의 배경과 단서에 주의를 기울여요.

- 사건의 내용을 주의 깊게 읽고 그림도 자세히 들여다봐요.
- '누군가 이상한 행동을 했나?', '장소가 중요한가?' 같은 질문을 해 봐요.
- 서두르지 말고 곰곰이 생각한 다음에 답을 말해요. 답을 찾은 것 같다면 그 답에 맞춰 사건을 처음부터 다시 생각해 보고 답이 맞는지 확인해요.

답은 글이나 그림 안에 들어 있어요. 글을 잘 읽고 그림도 꼼꼼히 살펴봐요.

사람마다 생각하고 분석하는 방법은 다 달라요.

이건 관점의 문제예요. 친구들과 다르게 생각하고 관찰하는 능력을 길러요.

 켜져라, 상상력!

켜진 램프 그림이 보이면 상상력을 발휘해요.

- 램프 그림이 보이면 사건의 답은 평범하지 않은 거예요. 뜻밖의 답이 나올 수도 있어요.
- 사건은 간단해 보여도 논리력이 크게 도움 되지 않을 거예요.
- 문제를 창의적이고 영리하게 바라봐야 해요.
  예를 들어 볼게요.
  할머니의 귀고리가 커피 잔에 떨어졌는데 젖지 않았다면 왜 그럴까요?
  커피 잔에 커피가 없었기 때문이죠!

내가 이겼지롱!

게임 방법

가족이나 친구들과 함께 문제를 풀어요.
사람이 많을수록 재미있을 거예요. 물론 사람이 적어도 재미있고요.
혼자 풀어도 상관없어요.
논리력과 상상력을 써서 단서를 쫓아가다 보면 진짜 탐정처럼 될 수 있어요.
다음과 같이 두 가지 방법으로 게임을 할 수 있어요.

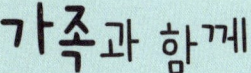

가족과 함께

- 시작할 때부터 서두르지 말아요. 빨리 푼다고 이기는 건 아니에요.
- 탐정이 여러 명 있으면 더 재미있겠지요?
- 한 사람만 답을 미리 알고 있어야 해요. 그 사람이 '대장'이에요(대장은 돌아가면서 할 수 있어요).
  나머지 사람들은 단서를 얻기 위해서 대장에게 사건에 대한 질문을 할 수 있어요.
  대장은 다음과 같은 방식으로만 답할 수 있어요.
    - "네." 혹은 "아니요."
    - "질문을 바꾸어서 다시 하세요."(단서를 잘 이해하지 못했다고 판단했을 때)
    - "그건 중요하지 않아요."(질문이 사건 해결에 도움이 되지 않을 때)
- 답을 찾지 못했을 때 대장이 함께 단서들을 검토할 수 있어요. 이때
  대장은 다른 사람들이 미처 깨닫지 못한 중요한 단서를 발견하도록
  도와줄 수 있어요.

> 게임은 정정당당히 해요.
> 나이가 어린 순서로
> 시작하고요.

친구들과 함께

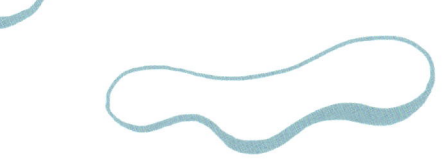
사람마다 생각이 다 다르다는 걸 명심해요. 나에게는 어려운 문제가 다른 사람에게는 쉬울 수도 있어요.

- 두 명 이상으로 팀을 꾸려요. 한 사람은 심판을 봐요.
- 처음부터 풀어야 할 사건의 수를 정해요.
- 빨리 푼 팀이 아니라 많이 푼 팀이 이겨요.
- 답을 찾았다고 생각하면 먼저 심판에게 말해요. 심판이 점수를 매겨요. 답을 찾은 팀만 다음 사건으로 넘어갈 수 있어요.
- 각 사건에서 얻은 점수를 종이에 적어 놓아요. 동점일 때에는 사건을 하나 더 풀어요.

점수를 헷갈리지 않으려면 종이나 공책에 잘 적어 두어요.

가족과 함께

사건명	후안	엘리스	페드로	아만다
기숙사	40			
이웃		50		
절도			50	
대저택		30		
감옥				50
말 없는 목격자				20
위스키 두 잔	50			70
합계	90	80	50	70

친구들과 함께

사건명	1팀	2팀
기숙사	40	
이웃		50
절도		50
대저택	30	
감옥		50
말 없는 목격자	20	
위스키 두 잔	50	
합계	140	150

점수

사건은 1부터 6까지 난이도별로 구분되어 있어요.
난이도는 ★ 로 표시되어 있어요.

1 = 가장 쉬움   ★★★★★★

6 = 가장 어려움   ★★★★★★

난이도에 따라 점수가 달라져요.

난이도	점수
★★★★★★	10
★★★★★★	20
★★★★★★	30
★★★★★★	40
★★★★★★	50
★★★★★★	60

목차

건망증이 죄야!	······ 12	
고장 난 에어컨	······ 14	
도둑이야!	······ 16	
할아버지의 유산	······ 18	
말 없는 목격자	······ 20	
수상한 이웃	······ 22	
새벽의 노크 소리	······ 24	
골동품 상점의 러시아 인형	······ 26	
희한한 절도 사건	······ 28	
강을 건너라	······ 30	
반갑지 않은 소나기	······ 32	
치명적인 총 한 발	······ 34	
기숙사에서 생긴 일	······ 36	
위스키 두 잔이요!	······ 38	
도망칠 수 없는 교도소	······ 40	
처벌	······ 42	
술탄의 후계자	······ 46	
들판의 낯선 이	······ 48	
기습 공격	······ 50	
일방통행	······ 52	
비 오는 토요일의 대저택	······ 54	
고층에서 살아남은 사람들	······ 56	
미스터리한 살인 사건	······ 58	
블라스 씨의 승강기	······ 62	
권총을 든 카페 종업원	······ 64	
정답	······ 66	

> 논리력을 써야 하는지, 상상력을 써야 하는지 알기 위해 그림 표시를 잘 봐야 해요.

상상력

점수
30점

난이도 / 중
★★★☆☆☆

건망증이 죄야!

마르코는 아내를 잃고 홀아비가 되었을 때부터
바닷가에 혼자 살고 있어요.
그는 오래전부터 살던 이 집에서
계속 일을 하고 있어요.
마르코의 생활은 단조로워요.
매일 밤 마르코는 잠들기 전에 불을 켜지요.

1 그러던 어느 날 밤 마르코는 너무 피곤해서 불을 켜지 않았어요.

2 다음 날 아침에 일어났을 때 마르코는 라디오에서 끔찍한 사고 소식을 들었지요.

3 그는 하늘을 향해 두 팔을 들어 올리고 경찰서로 달려가 자기가 범인이라고 말했어요.

경찰 나리, 제가 범인이에요!

마르코는 왜 자기가 범인이라는 걸까요?

정답은 66쪽에 있어요.

논리력

점수
20점

난이도 / 하

고장 난 에어컨

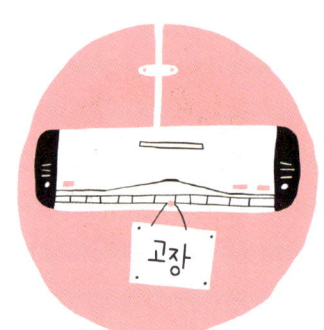

고장

찌는 듯한 여름, 교장실의 에어컨이 고장 났어요. 어느 순간 교장 선생님의 비서는 컴퓨터에 꽂아 놓았던 USB를 누군가 훔쳐갔다는 걸 깨달았어요. USB에는 시험 문제가 들어 있다고요! 교장 선생님은 에어컨이 고장 난 순간 교장실에 있던 사람들을 모두 불러 모았어요.

그리고 물었죠. "당신은 교장실에서 뭘 하고 있었지?"

1. 비서 : 저는 여러 사람과 말하면서 통화를 하고 있었어요.

2. 배달원 : 저는 책상 위에서 주문서를 적고 있었어요.

3. 회계 인턴 : 저는 비서에게 혹시 제 스웨터를 못 봤는지 물어보고 있었어요.

교장 선생님

4. 학생: (순진한 말투로) 저는 복사 신청을 하고 있었어요.

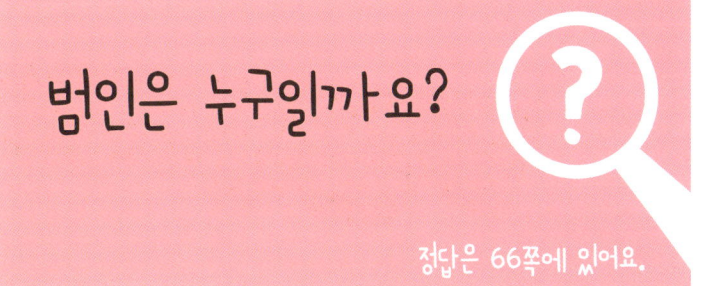

범인은 누구일까요?

정답은 66쪽에 있어요.

| 논리력 | 점수 30점 | 난이도 / 중 |

도둑이야!

일본 어선이 물고기를 잡으러 먼 바다로 나가고 있어요.
해 질 무렵, 선장은 샤워를 하려고 아끼는 황금 시계를 풀어서
선장실 탁자 위에 올려 두었지요.

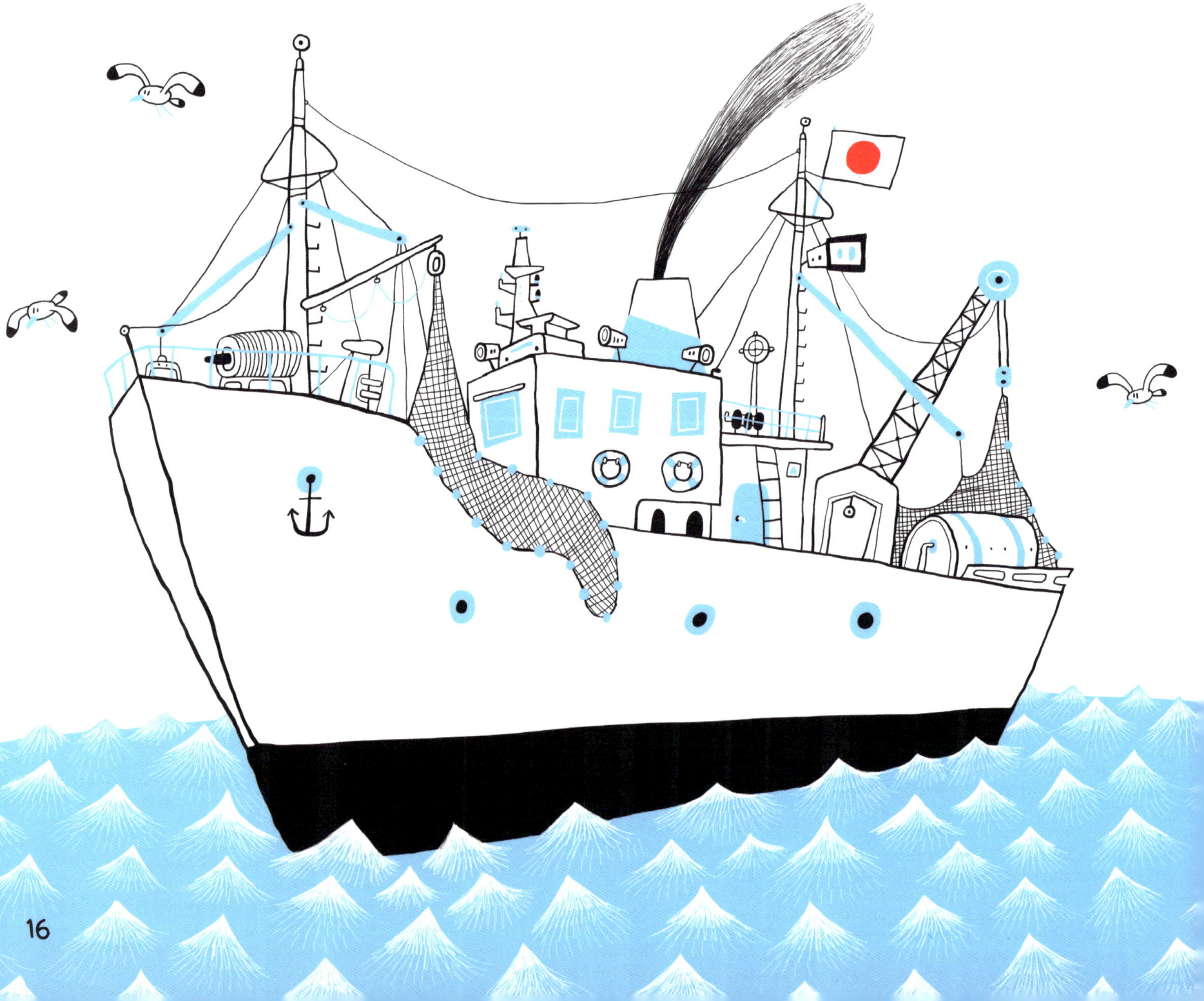

1. 샤워를 마치고 나온 선장은 시계가 감쪽같이 사라진 걸 발견했어요. 선장은 도둑을 잡으려고 선원들을 모두 불러 모았어요. 그리고 한 사람 한 사람에게 자신이 샤워하는 동안 무엇을 하고 있었는지 물었어요.

2. 요리사는 선원들을 위해 식사 준비를 하고 있었다고 말했어요.

3. 기관장은 기계실에서 발전기를 보고 있었다고 말했어요.

4. 갑판장은 선실에서 낮잠을 자고 있었다고 말했어요.

앗, 잠깐 졸았어요.

5. 하급 선원은 잘못 꽂힌 깃발의 방향을 바꾸려고 갑판에 올라갔다고 말했어요.

누가 거짓말을 하는 걸까요?

정답은 66쪽에 있어요.

상상력 | 점수 20점 | 난이도 / 하
★★☆☆☆

할아버지의 유산

카티아의 할아버지는 마술에 푹 빠져 있었어요. 할아버지는 세상을 떠나면서 카티아에게 코르크 마개로 닫은 병을 유산으로 남겼어요. 병 안에는 열쇠가 들어 있었고, 병에는 할아버지의 유언이 적힌 스티커가 붙어 있었어요.
"마개를 열지 않고, 병도 깨지 않고 열쇠를 손에 넣으면 네 엄마가 그 열쇠로 열 수 있는 상자를 줄 거야. 그 안에 네게 줄 것이 들어 있단다."

1 카티아는 답을 찾으려고 병을 요리조리 돌려 보았어요.

2 오빠를 불렀지만 오빠도 답을 모르기는 마찬가지였지요.

3 카티아는 할아버지의 유언을 다시 읽었어요.

마개를 열지도, 병을 깨지도 말거라.

4 앗, 카티아의 얼굴이 갑자기 환해졌어요. 답을 찾았군요!

유레카! 찾았다!

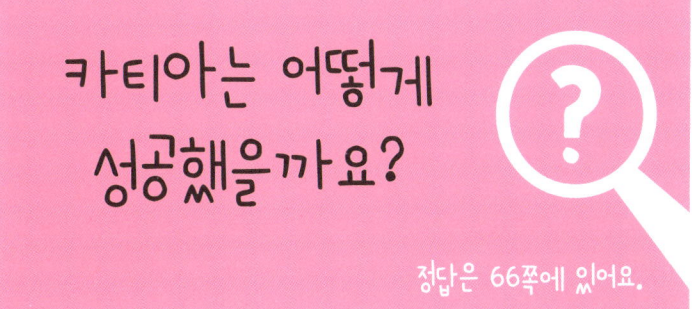

카티아는 어떻게 성공했을까요?

정답은 66쪽에 있어요.

| 논리력 | 점수 20점 | 난이도 / 하 |

말 없는 목격자

마르티나는 2층 안방에서 편안하게 쉬고 있었어요.
모르페의 팔에 안기려고 자지 않고 기다렸지요. 사방이 고요했어요.
아래층에서 텔레비전 소리만 들렸고요.

상상력 | 점수 50점 | 난이도 / 상

수상한 이웃

리타 부인은 창문 너머로 얼마 전에 새로 이사 온
앞집 이웃들을 훔쳐봤어요.
그런데 밤이 되자 앞집에서 뭔가 이상한 일이 벌어졌어요.

1 남편은 한가로이 텔레비전을 보고 있어요.

2 아내는 남편 곁에 앉아서 책을 읽어요.

3 갑자기 남편이 자리에서 일어나더니 집 안의 모든 불을 껐어요.

4 아내는 아무런 반응도 하지 않고 어둠 속에서 계속 책을 읽었어요.

앞집에서는 대체 무슨 일이 벌어진 걸까요?

정답은 67쪽에 있어요.

| 상상력 | 점수 50점 | 난이도 / 상 ★★★★★ |

새벽의 노크 소리

어둠이 내린 호텔은 조용했어요.
투숙객 대부분은 아침 일찍 일어나야 하는 사업가들이에요.
대기업 사장인 로간 부인도 다음 날 아침 일찍 회의가 있어서 빨리 잠자리에 들었어요.

1. 그런데 새벽에 누군가가 문을 두드렸어요.

2. 로간 부인은 침대에서 일어나 문을 열었어요.

3. 그러자 문을 두드린 남자가 말했어요.

죄송합니다. 방 번호를 잘못 알았어요.

경비실 좀 부탁해요.

4. 로간 부인은 문을 닫고 곧장 호텔 로비로 전화를 걸었어요.

무슨 일이시죠, 로간 부인?

로간 부인은 왜 전화를 했을까요?

정답은 67쪽에 있어요.

논리력

점수
30점

난이도 / 중

골동품 상점의 러시아 인형

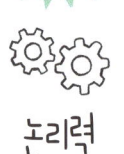

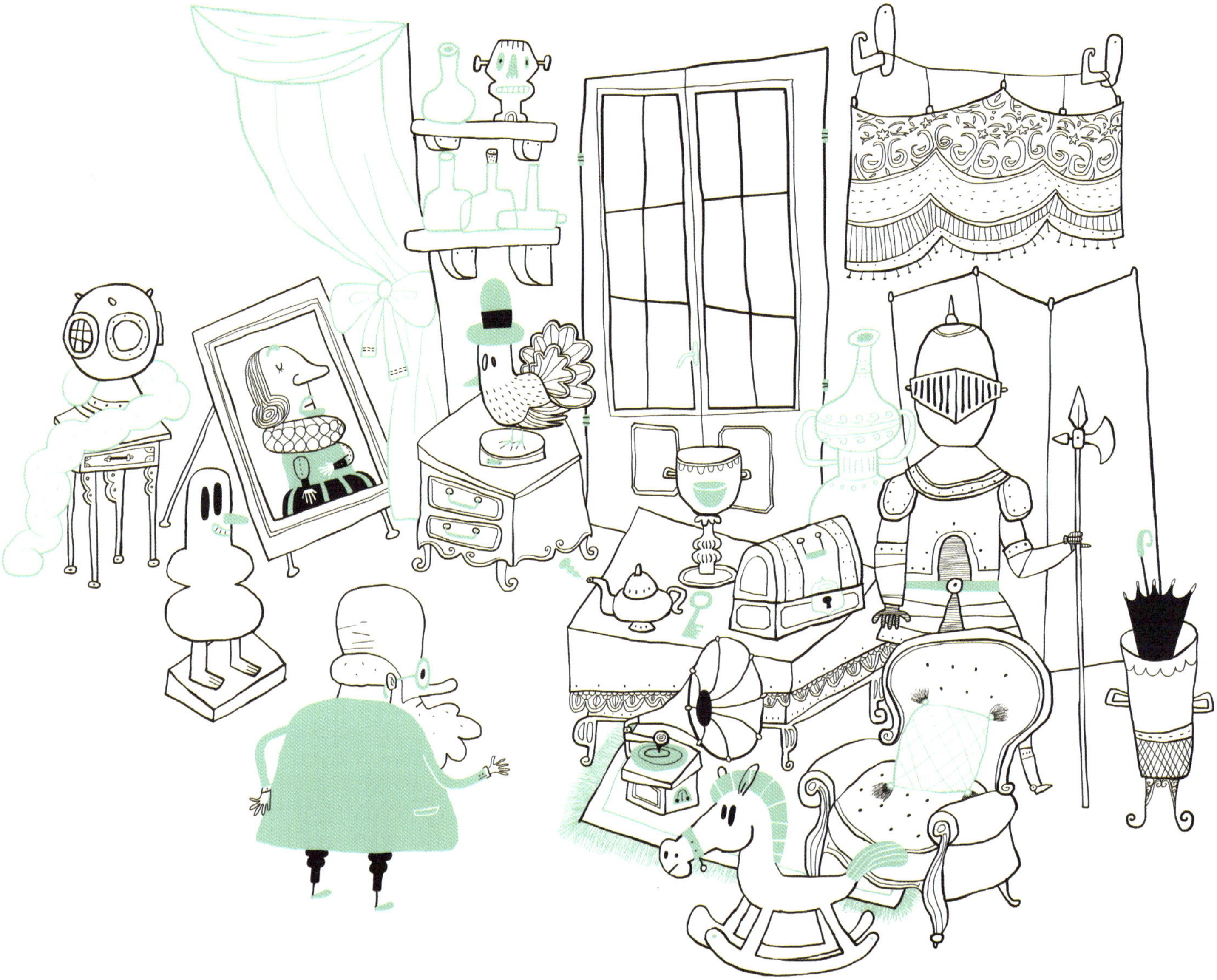

골동품 상점에서 값비싼 마트료시카가 사라졌어요. 이 인형은 러시아 황제의 조상이 가지고 있던 거예요.

인형이 전시되었던 골동품 진열장은 새로 온 점원인 안드레아가 지켜보고 있었어요.

사장은 직원들에게 아무 말도 하지 않고 한 사람씩 불러서 누가 범인인지 알아내기로 했어요.

1 책임자인 마르크는 새로 들어온 점원을 의심했어요. 왜냐하면 지금까지……

2 새로 들어온 점원 안드레아는 자신을 변호했어요.

> 사장님, 전에는 분실 사고가 한 번도 없지 않았습니까?

> 새로 얻은 직장에서 위험을 감수하진 않아요.

3 계산원인 타티는 이렇게 대답했어요.

4 세 사람과 얘기를 나눈 사장은 누가 인형을 훔쳤는지 알아냈어요.

> 그 오래된 마트료시카가 그렇게 비싼 건지 몰랐어요.

사장은 어떻게 범인을 알아냈을까요?

정답은 67쪽에 있어요.

상상력 | 점수 50점 | 난이도 / 상 ★★★★★

희한한 절도 사건

이곳은 경찰서예요.

알렉스를 담당하는 경찰관은 어리둥절했어요.

알렉스의 신고가 아주 이상했기 때문이에요.

알렉스는 커피를 마시려고 차에서 내린 뒤

누군가 자신의 집을 훔쳐 갔다고 신고했어요.

28

1 당황한 경찰관은 이상한 절도 사건을 더 잘 파악하려고 알렉스에게 질문을 했어요.

2 알렉스는 모른다고 대답했어요.

3 "그럼 어떻게 훔쳐 간 걸 알았죠?"라고 경찰관이 묻자, 알렉스는 "왜냐하면 제가 카페에서 나왔는데 집이 없어졌기 때문이죠."라고 답했어요.

알렉스의 대답에 경찰관은 더 혼란스러웠어요.

알렉스는 왜 집이 없어졌다고 하는 걸까요?

정답은 67쪽에 있어요.

논리력 | 점수 50점 | 난이도 / 상

강을 건너라

목장 주인이 목장으로 돌아가기 위해
작은 배로 강을 건너려고 해요.
시장에 갔다가 자신의 사냥개와
시장에서 산 닭과 옥수수 한 가마니를 가지고
돌아오는 길이지요.

배가 너무 작아서
사람 한 명과 짐 한 개만 실을 수 있어요.
짐을 모두 나르려면
어떻게 해야 할까요?

1 개와 강을 건너면 닭이 옥수수를 모두 쪼아 먹을 거예요.

2 옥수수 가마니를 옮기면 개가 닭을 잡아먹을 거예요.

어떤 방법으로 강을 건너면 될까요?

정답은 67쪽에 있어요.

상상력 | 점수 60점 | 난이도 / 상

반갑지 않은 소나기

검은 옷을 입은 다섯 남자가
아무 말도 하지 않고 천천히 같은 방향으로
길을 걷고 있었어요.
그때 갑자기 소나기가 내려서
행렬이 흐트러졌어요.

① 다섯 남자는 마을에서 나와 묘지로 향하는 중이었어요.

② 비가 내리기 시작하자 네 사람은 발걸음을 재촉했지만 마지막 사람은 꿈쩍하지 않았어요.

③ 묘지에 도착했을 때 네 사람은 흠뻑 젖었지만 마지막 사람은 아무렇지도 않았어요.

왜 젖지 않았을까요? ?

정답은 67쪽에 있어요.

상상력 | 점수 20점 | 난이도 / 하 ★★☆☆☆☆☆

치명적인 총 한 발

한겨울 산에 살고 있던 남자가
식량을 구하러 사냥에 나섰어요.

1. 사냥꾼은 조심스럽게 총에 총알을 넣었어요.

2. 그리고 정확하게 사냥감을 겨냥해서 쐈지요.

3. 그런데 그 순간 사냥꾼은 치명적인 실수를 했음을 깨달았어요.

4. 몇 분 뒤에 사냥꾼은 쓰러져 죽었어요.

사냥꾼은 왜 죽었을까요?

정답은 67쪽에 있어요.

논리력 | 점수 40점 | 난이도 / 중

기숙사에서 생긴 일

일요일 아침이었어요.
조용한 기숙사에는 학생 몇 명과 요리사,
그리고 당직 선생님만 머물고 있었어요.

1 요리사는 점심을 준비했어요.

2 선생님은 점수를 적어 넣던 성적표를 팽개치고 점심을 먹으러 갔어요.

3 알리시아는 집배원이 왔는지 확인하러 갔어요.

4 클라라는 침대에 누워 좋아하는 음악을 들었어요.

갑자기 선생님이 화재경보기를 울렸어요.
점심을 먹는 사이 누군가가 성적표에 불을 질렀기 때문이에요.

누가 이런 짓을 꾸몄을까요? ❓

정답은 68쪽에 있어요.

위스키 두 잔이요!

| 상상력 | 점수 50점 | 난이도 / 상 ★★★★★☆ |

루카와 안토니오는 위험한 마피아예요. 적들은 그들을 해치우고 싶어 해요.
어느 날 저녁 두 사람은 술집에 들어갔어요.
그들은 자리에 앉기 전 술집 안에 있는 사람들을 훑어봤지요.
언제 위험이 닥칠지 모르니까요.

① 루카와 안토니오는 위스키를 주문했어요.
바텐더는 술을 정성스럽게 준비했어요.
얼음을 잔뜩 넣어 두 사람에게 가져다주었지요.

② 목이 말랐던 루카는 위스키를
벌컥벌컥 두 모금에 다 마셨어요.

③ 안토니오는 빨대로 얼음을 저으며 천천히
위스키를 음미했어요.

자리에서 일어난 안토니오가
갑자기 쓰러졌어요.

안토니오는 왜 쓰러졌을까요?

정답은 68쪽에 있어요.

상상력 | 점수 50점 | 난이도 / 상

도망칠 수 없는 교도소

도망가자!
좋아!
그래!
나도 데려가!

나쁜 죄수 세 명이 감방을 함께 쓰고 있었어요. 그들은 어떻게 해서든지 교도소를 탈출하려고 해요. 그러려면 아주 큰 문제를 해결해야 하지요.

① 교도소의 창문은 아주 높아서 닿을 수 없어요. 창살도 필요 없을 지경이지요.

② 죄수들은 침대에 올라서서 서로 어깨를 밟고 올라가려 했어요. 하지만 그렇게 해도 창문에 닿을 수 없었어요.

③ 그러자 이번에는 벽을 뚫어 굴을 파기로 했어요. 하지만 시간이 너무 많이 걸려서 포기했지요.

④ 그때 죄수 한 명이 창문을 통해 도망갈 방법을 생각했어요.

죄수가 생각해 낸 방법은 무엇일까요?

정답은 68쪽에 있어요.

41

| 논리력 | 점수
30점 | 난이도 / 중 |

처벌

극동 지역의 전설적인 바바르 칸 왕국에서는 도둑질하면 사형을 당해요.
어느 날 이 왕국의 법을 몰랐던 한 외국인이
왕궁의 정원에서 과일을 훔치다가 현장에서 붙잡혔어요.

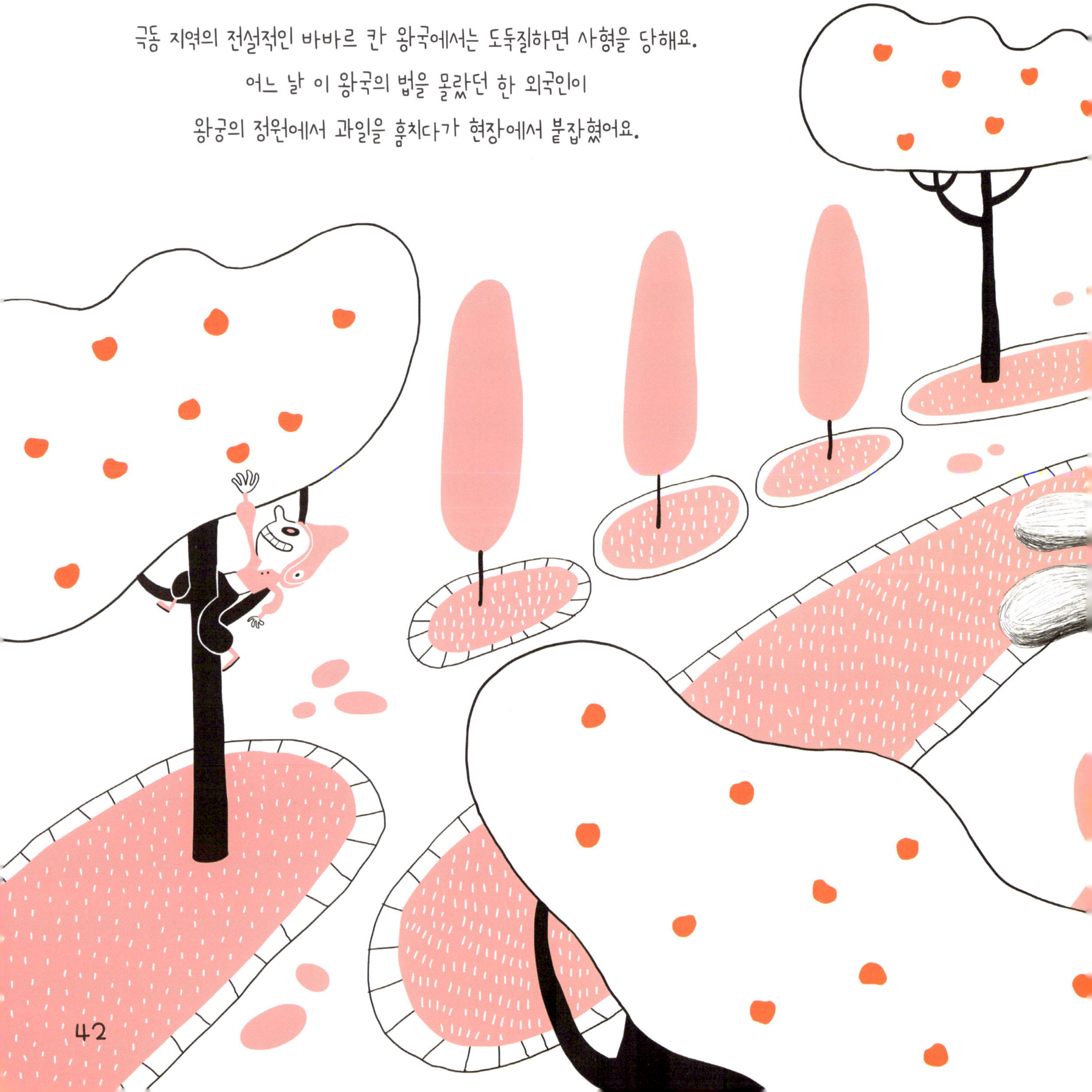

왕은 네 개의 감옥 중 한 곳을 고르라고 했어요.
감옥을 잘 선택하면 사형을 면할 수 있다고 해요.

① '영원한 불의 감옥'
: 죄수가 들어오자마자 불을 질러요.

② '호랑이 감옥' : 일 년 동안 아무것도 먹지 못한
호랑이 네 마리가 기다리고 있어요.

3 '검의 감옥' : 잔인한 교도관들이 누가 가장 많은 죄수를 죽이는지 내기를 해요.

4 '용의 감옥' : 머리가 셋 달린 용이 있어요. 용의 혓바닥에는 독이 묻어 있어요.

어느 감옥을 골라야 할까요?

정답은 68쪽에 있어요.

논리력

점수
60점

난이도 / 상

술탄의 후계자

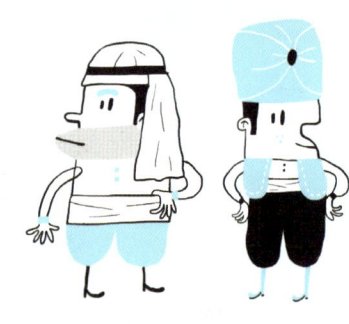

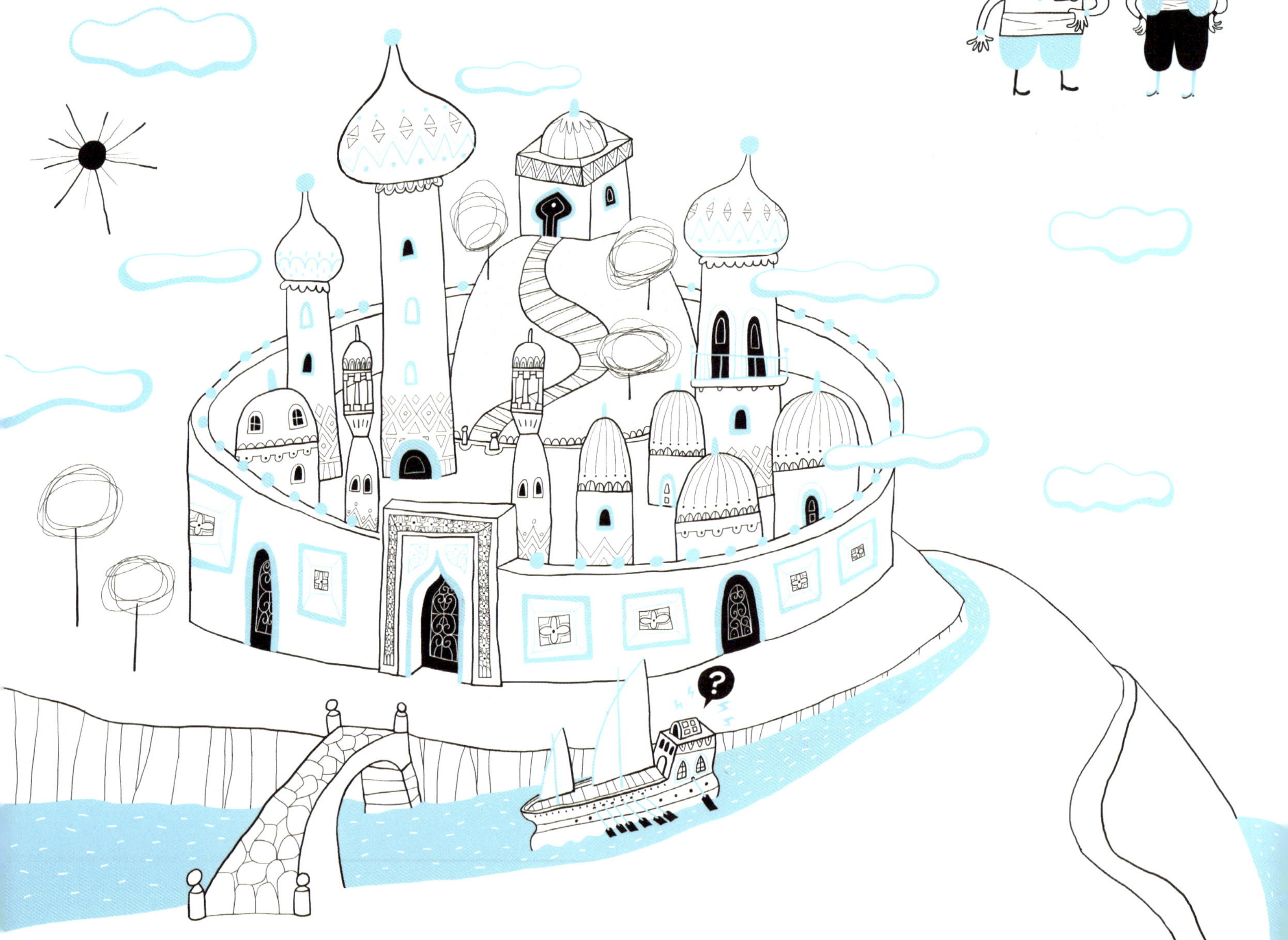

아주 오래전 동양의 한 왕국에 술탄이 살았어요.

술탄은 죽기 전, 두 아들 중에서 후계자를 정하려고 이상한 시험을 준비했어요.

아들들은 말을 타고 오아시스로 가야 했어요.

그런데 탄 말이 꼴찌로 도착해야 이기는 시합이었어요.

두 아들은 말을 타고 달리다가
오아시스에 도착하기 전에 멈추고 궁리했어요.

1. 두 아들은 오아시스 근처에서 며칠 동안 야영을 했어요.

2. 왕관을 물려받을 수 있는 방법을 생각했지요.

3. 그때 갑자기 현자가 나타나 세 단어로 답을 말해 주었어요.

4. 두 아들은 현자의 말을 듣고는 최대한 빨리 달려서 오아시스에 일등으로 도착하려고 했어요.

현자는 어떤 말을 했을까요?

정답은 68쪽에 있어요.

논리력 | 점수 10점 | 난이도 / 하

들판의 낯선 이

촉촉한 어느 봄날, 농부가 밭에 나가 어제 하던 농사일을 계속하려고 했어요.
밭에는 새소리만 들렸지요. 깊은 산골짜기 마을에 놀러 오는 사람은 아무도 없었거든요.
그런데 그날 아침에는······

1. 농부가 커다란 나무 밑에 누워 있는 한 남자를 봤어요. 이 낯선 사람은 다리를 다쳐 정신이 오락가락했어요.

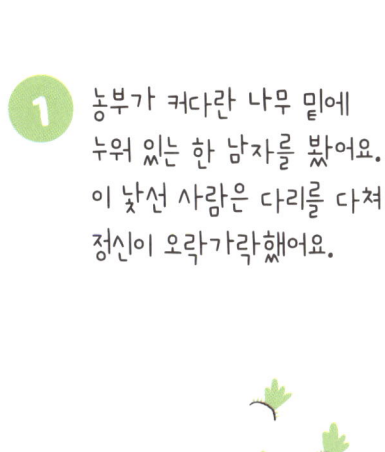

2. 축축한 땅에는 자동차의 바퀴 자국이 하나도 없었어요. 그렇다면 이 남자는 왜 다쳤을까요?

3. 남자를 부축해서 일으킨 농부는 그가 가방을 메고 있다는 사실을 알았어요.

남자는 왜 다쳤을까요?

정답은 68쪽에 있어요.

상상력 | 점수 20점 | 난이도 / 하 ★★☆☆☆

기습 공격

이곳은 프랑크족의 한 마을이에요. 주민들은 깊이 잠들었어요.
군대가 바이킹의 공격을 막고 그들을 보호해 주리라는 걸 알기 때문이지요.
밤에 군인 한 명이 보초를 서며 마을 주변의 숲을 감시해요.

1. 보초를 서던 병사가 졸다가 바이킹이 공격하는 꿈을 꾸었어요.

2. 잠에서 깨어난 보초병은 대장에게 꿈 이야기를 했어요. 대장은 감시를 강화했어요.

3. 그런데 그날 밤에 정말 바이킹이 마을을 공격했어요. 마을의 군대는 바이킹의 기습 공격을 막아 냈지요.

4. 하지만 대장은 습격에 대비하도록 알려 준 보초병을 체포하라고 했어요.

저놈을 묶어랏!

보초병을 왜 체포했을까요?

정답은 68쪽에 있어요.

일방통행

차를 훔친 도둑이 이번에는
소매치기를 하러 쇼핑센터에 가려고 해요.

1 도둑은 들키지 않으려고 아주 좁은 길을 택했어요.

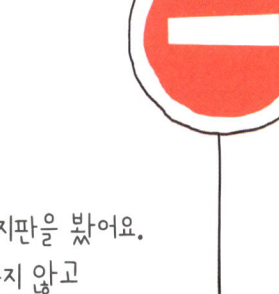

2 그때 진입 금지 표지판을 봤어요. 하지만 아랑곳하지 않고 계속 갔어요.

3 길 끝에 이르자 교통경찰이 있었어요.

4 경찰은 도둑을 체포하지도 않았고 벌금을 물리지도 않았어요. 그냥 통과시켰지요.

경찰은 왜 도둑을 체포하지 않았을까요?

정답은 68쪽에 있어요.

논리력　　　점수
　　　　　　30점　　　　난이도 / 중
　　　　　　　　　　　　★★★☆☆☆

비 오는 토요일의 대저택

오늘은 토요일 아침이에요. 비가 내리는 존슨가의 대저택은 아주 고요했어요.

가족들은 늦잠을 자고 일어나 함께 점심을 먹었어요.

지금은 각자 하고 싶은 일에 정신이 팔려 있어요.

1. 폴은 고양이를 쫓아다니고 있어요.

2. 존슨 씨는 컴퓨터로 주간 뉴스를 살펴보고 있어요.

3. 메리는 방에서 음악을 듣고 있어요.

4. 존슨 부인은 긴장감 넘치는 책을 읽고 있어요.

5. 정원사 에드거는 여느 토요일처럼 꽃에 물을 주고 있어요.

6. 그런데 갑자기 존슨 씨의 서재에서 비명이 들렸어요. 모두 서재에 도착했을 때 바닥에 존슨 씨의 시체가 누워 있었어요.

누가 존슨 씨를 죽였을까요?

정답은 69쪽에 있어요.

상상력 | 점수 10점 | 난이도 / 하

고층에서 살아남은 사람들

일꾼 두 명이 50층 높이의 건물에서 유리창을 닦고 있었어요. 안전장치를 올바르게 사용했지만 이날 뜻밖의 사고를 당했어요.

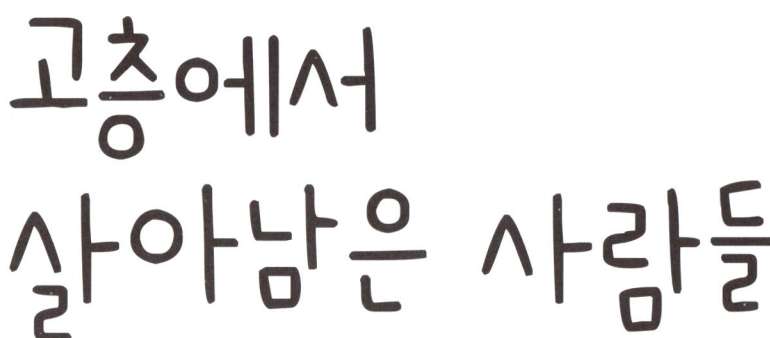

① 마리안과 루카스는 창유리를 닦으려고 승강기를 탔어요.

② 도르래가 달린 승강기가 층마다 멈추면 마리안과 루카스가 유리를 닦지요.

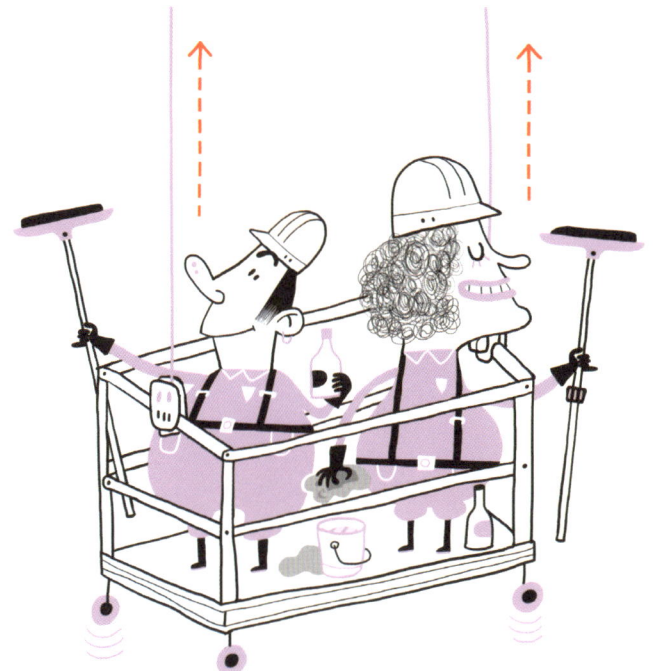

③ 그런데 갑자기 강한 바람이 불어서 승강기가 거세게 흔들렸어요.

아이쿠!

휘이이익

④ 마리안과 루카스는 그대로 추락했어요. 하지만 둘 다 목숨을 건졌지요.

마리안과 루카스가 목숨을 건진 이유는 무엇일까요?

정답은 69쪽에 있어요.

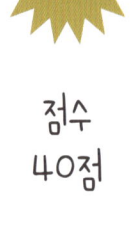 상상력

점수
40점

난이도 / 중
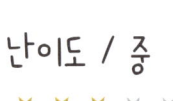

미스터리한 살인 사건

그린 씨가 서재에서 죽은 채로 발견되었어요. 상처는 없었고 왼손에 빨간 메모지를 들고 있었어요. 암호가 적힌 이 이상한 메모는 그린 씨가 아름다운 저택에서 연 파티에 참석한 사람들 중에 있는 범인을 밝혀줄 거예요.

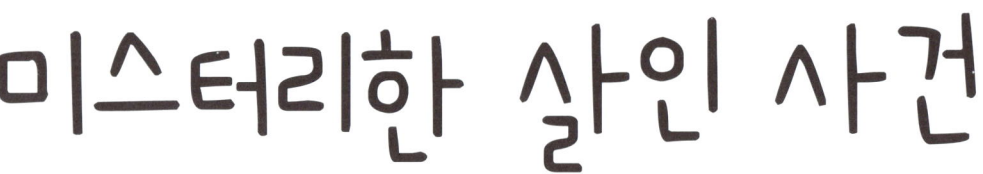

레둑 형사는 범인을 알아내기 위해서 수사를 시작했어요.
그는 아무도 예상하지 못한 곳에서 단서를 찾으려 했어요.

수상한 사람은 아주 많아요…….

① 에밀리아는 이 저택에서 가장 오래 일한 하녀예요.

② 세바스티안은 그린 씨의 아들이에요.
피아니스트인 그는 피아노를 연주하며
파티의 흥을 돋우었어요.

③ 데지레는 세바스티안의 약혼녀예요.

④ 시몬은 그린 씨의 사촌이에요.
하바나산 시가를 좋아해요.

⑤ 키네이 씨는 이웃이에요.
그린 씨의 저택 가까이에
대저택을 가지고 있어요.

6 나사르 교수는 로마법을 연구하는 학자예요. 파티를 지루해했어요.

7 에리크는 그린 씨의 오랜 친구예요. 그는 자주 이 저택에서 주말을 보내곤 해요.

8 아돌피나 후작 부인은 파티광이자 그린 씨의 친구예요.

9 애덤스 박사는 그린 씨의 주치의예요.

이 수상한 날짜는 뭘 의미할까?

이 메모지 안에 답이 있을까요?

2 FEBRUARY,
3 MARCH,
4 APRIL,
2 OCTOBER

10 브렌다는 에리크의 친구예요. 항상 여행을 함께 다니지요.

범인은 누구일까요? 🔍

정답은 69쪽에 있어요.

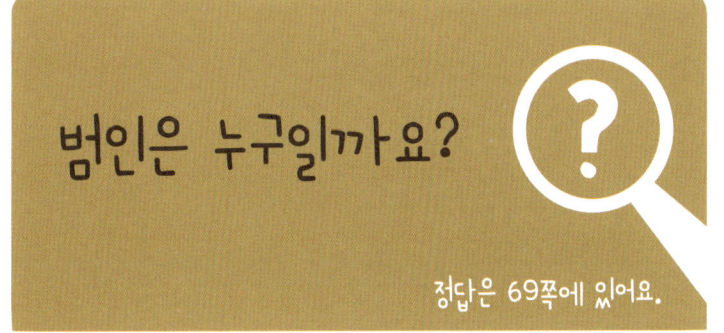

 상상력 점수 60점 난이도 / 상

블라스 씨의 승강기

7층에 사는 블라스 씨는 해가 쨍쨍한 날보다 비가 오는 날을 좋아해요.
비 오는 날이면 블라스 씨는 일부러 장을 보러 가고, 쓰레기를 내다 버리고,
영화를 보러 가요. 비가 오면 블라스 씨는 훨씬 바빠져요.

맑은 날

비 오는 날

5층

② 그런데 비가 오면 승강기를 타고 7층까지 곧바로 올라가요.

7층

① 해가 나는 날이면 블라스 씨는 승강기를 타고 5층까지만 올라가요. 그리고 7층까지는 걸어서 올라가요. 집에 다다를 즈음에는 완전히 지쳐 있어요.

블라스 씨는 왜 해가 나는 날에는 승강기를 타고 5층까지만 가고 7층까지는 걸어서 올라갈까요? 그리고 비가 오는 날에는 왜 승강기를 타고 7층까지 곧바로 올라갈까요?

이유는 무엇일까요?

정답은 69쪽에 있어요.

상상력 · 점수 50점 · 난이도 / 상

권총을 든 카페 종업원

아주 무더운 여름날 아침, 한 남자가 시원한 음료를 마시려고 카페에 들어섭니다.
그는 갈증도 해결하고 한가로이 신문도 읽을 작정이었어요.
카페 안에서 마주칠 충격적인 장면은 전혀 예상하지 못한 채로요.

1. 남자는 문을 열고 카페 안으로 들어갔어요.

2. 그는 카운터로 가서 종업원에게 시원한 레모네이드 한 잔을 주문했어요.

3. 그런데 종업원이 갑자기 권총을 꺼내서 남자를 겨누었어요.

4. 조금 뒤에 남자는 껄껄 웃으며 카페를 나섰어요. 그리고 종업원에게 고맙다고 말했어요.

남자는 왜 고맙다고 했을까요?

정답은 69쪽에 있어요.

정답

13쪽 건망증이 죄야!

마르코는 왜 자기가 범인이라는 걸까요?

마르코는 등대지기예요. 밤에 등대의 불을 켜는 걸 깜빡하는 바람에 배가 충돌하는 사고가 났어요.

17쪽 도둑이야!

누가 거짓말을 하는 걸까요?

하급 선원이 범인이에요. 일본의 국기는 좌우가 바뀌어도 똑같기 때문이에요.

15쪽 고장 난 에어컨

범인은 누구일까요?

범인은 회계 인턴이에요. 한여름에 에어컨도 안 나오는 사무실에서 누가 스웨터를 입겠어요?

19쪽 할아버지의 유산

카티아는 어떻게 성공했을까요?

마개를 병 안으로 밀어 넣으면 되어요.

21쪽 말 없는 목격자

마르티나는 왜 신고하지 않았을까요?

마르티나는 갓난아기였어요. 졸음을 참을 수 없었지요.

29쪽 희한한 절도 사건

알렉스는 왜 집이 없어졌다고 하는 걸까요?

알렉스는 차에 연결된 캠핑카에 살고 있었어요.

23쪽 수상한 이웃

앞집에서는 대체 무슨 일이 벌어진 걸까요?

아내는 시각 장애인이에요. 그래서 점자 책을 읽고 있었어요. 손가락으로 지면을 따라가면서 읽으니까 불이 필요 없지요.

31쪽 강을 건너라

어떤 방법으로 강을 건너면 될까요?

먼저 닭을 옮기고 개를 데리러 가요. 개를 건너편에 옮겨 놓고 닭을 다시 데리고 와요. 닭을 두고 옥수수 가마니를 옮겨요. 개와 가마니가 함께 있게 되었어요. 마지막으로 닭을 데리고 강을 건너요.

 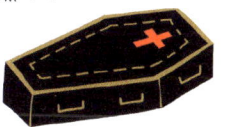

25쪽 새벽의 노크 소리

로간 부인은 왜 전화를 했을까요?

남자가 방을 착각했다면 문을 두드릴 필요가 없었어요. 열쇠를 가지고 있었을 테니까요.

33쪽 반갑지 않은 소나기

왜 젖지 않았을까요?

다섯 번째 사람은 네 사람이 들고 가던 관 속의 죽은 사람이었어요.

27쪽 골동품 상점의 러시아 인형

사장은 어떻게 범인을 알아냈을까요?

범인은 계산원 타티였어요. 훔친 물건이 값비싼 마트료시카라는 걸 아는 사람은 사장뿐이었으니까요.

35쪽 치명적인 총 한 발

사냥꾼은 왜 죽었을까요?

눈 쌓인 산비탈에 총을 쏘는 바람에 눈사태가 나서 깔려 죽었어요.

37쪽 기숙사에서 생긴 일

누가 이런 짓을 꾸몄을까요?

범인은 알리시아예요. 일요일이라 집배원이 올 리가 없으니까요. 알리시아는 또다시 낙제 당할까 봐 겁이 났던 거예요.

47쪽 술탄의 후계자

현자는 어떤 말을 했을까요?

말을 서로 바꿔요.

39쪽 위스키 두 잔이요!

안토니오는 왜 쓰러졌을까요?

얼음에 독이 들어 있었던 거예요. 루카는 위스키를 너무 빨리 들이키는 바람에 얼음이 아직 녹지 않았어요.

49쪽 들판의 낯선 이

남자는 왜 다쳤을까요?

남자의 낙하산이 펴지지 않았어요. 다행히 나무에 떨어져 충격이 덜했지요.

41쪽 도망칠 수 없는 교도소

죄수가 생각해 낸 방법은 무엇일까요?

굴을 파서 나온 흙과 돌을 창문에 닿을 때까지 쌓아 올리는 거예요.

51쪽 기습 공격

보초병을 왜 체포했을까요?

보초병은 졸면 안 되니까요.

45쪽 처벌

어느 감옥을 골라야 할까요?

호랑이 감옥
: 일 년 동안 굶은 호랑이라면 벌써 죽었을 거예요.

53쪽 일방통행

경찰은 왜 도둑을 체포하지 않았을까요?

도둑이 차를 주차하고 걸어갔기 때문이에요.

55쪽 비 오는 토요일의 대저택

누가 존슨 씨를 죽였을까요?

범인은 에드거예요. 비가 오는 날에 꽃에 물을 뿌릴 이유가 없으니까요.

63쪽 블라스 씨의 승강기

이유는 무엇일까요?

블라스 씨는 키가 아주 작은 아저씨예요. 그래서 7층 버튼을 누르려면 우산이 필요해요.

57쪽 고층에서 살아남은 사람들

마리아과 루카스가 목숨을 건진 이유는 무엇일까요?

작업을 시작한 지 얼마 되지 않아서 1층에서 떨어졌기 때문이에요.

65쪽 권총을 든 카페 종업원

남자는 왜 고맙다고 했을까요?

남자가 딸꾹질을 하자 종업원이 남자를 놀라게 하려 했던 거예요. 권총을 겨눠서 딸꾹질을 멈추게 하려고 한 것이죠.

61쪽 미스터리한 살인 사건

범인은 누구일까요?

범인은 에리크(ERIC)예요. 숫자는 각 달별 영문 철자 위치의 순서를 나타내요.

2 FEBRUARY,
3 MARCH,
4 APRIL,
2 OCTOBER